前　言

本规范由教育部语言文字应用管理司提出，由国家语委语言文字规范标准审定委员会审定通过，2019年7月15日由教育部、国家语委发布，2019年11月1日试行，编号GF 0022—2019。

本规范起草单位：中华诗词学会。

本规范起草人：郑欣淼、星汉、赵京战、李文朝、范诗银、罗辉、钱志熙、林峰、李葆国。

ZHONGHUA TONGYUN

中华通韵

语文出版社
·北京·

ZHONGHUA TONGYUN

中 华 通 韵

责任编辑 慈 舒

装帧设计 徐晓森

出　　版 语文出版社

地　　址 北京市东城区朝阳门内南小街51号 100010

电子信箱 ywcbsywp@163.com

排　　版 河北新华第一印刷有限责任公司

印刷装订 北京市科星印刷有限责任公司

发　　行 语文出版社 新华书店经销

规　　格 890mm × 1240mm

开　　本 A5

印　　张 1

字　　数 30千字

版　　次 2020年4月第1版

印　　次 2024年8月第6次印刷

印　　数 14,001-17,000

书　　号 ISBN 978-7-5187-1049-2

定　　价 18.00元

010-65253954(咨询) 010-65251033(购书) 010-65250075(印装质量)

目　次

中华通韵

1　范围

本规范规定了普通话韵的韵部划分和韵字收录原则，给出《韵部表》和《韵字表》。本规范适用于诗歌、戏曲等韵文的教学和创作。

2　规范性引用文件

下列文件中的条款通过本规范的引用而成为本规范的条款。

《汉语拼音方案》（第一届全国人民代表大会第五次会议　1958年2月11日）

《通用规范汉字表》（国务院　2013年6月5日）

3　术语和定义

下列术语和定义适用于本规范。

3.1　韵部

同韵字归在一起成为一部。

3.2　韵目

韵部的标目及其次序。

3.3 韵字

韵文句末押韵的、区别平仄声韵的汉字。

4 总则

4.1 以普通话和《汉语拼音方案》为定韵依据。

4.2 以《通用规范汉字表》作为选定韵字的基础。

5 韵部划分和韵字收录原则

5.1 将同韵（即韵母的韵腹和韵尾都相同，或无韵尾而韵腹相同）的字归为一部。共分为15个韵部。

5.2 “er”部的韵字多是冷僻字，诗歌选韵很少使用，不单列韵部，作为附韵，分附在韵部表、韵字表后，以供查阅。

5.3 韵字选收《通用规范汉字表》中7730字。每部韵字按在以往诗词中的使用频率由高到低排列。

5.4 每个韵部的韵字根据字音归为阴平、阳平、上声、去声四个部分。发音为阴平、阳平的字，为平声字；发音为上声、去声的字，为仄声字。

5.5 多音字音从义定，韵依音归。根据其不同的读音，分别归于相应的韵部。

5.6 “三鹅”和“四衣”韵部的韵字，依据其韵母e、ie、üe和i、-i，在本韵部中分别排列。创作时，可通押，也可分押。

6　韵部表

韵目韵母	韵目韵母
一啊　a　ia　ua	九熬　ao　iao
二喔　o　uo	十欧　ou　iu
三鹅　e　ie　üe	十一安　an　ian　uan　üan
四衣　i	十二恩　en　in　un　ün
五乌　u	十三昂　ang　iang　uang
六迂　ü	十四英　eng　ing　ueng
七哀　ai　uai	十五雍　ong　iong
八欸　ei　ui	

附：儿er

7　韵字表

一啊　a，ia，ua　　ㄚ，ㄧㄚ，ㄨㄚ

阴平　花家压发沙鸦佳纱麻加嘉瓜哗砂答蛙夸他差八鸭叉虾巴插洼丫查它呀哇夹杀芭押刮塌拉掐搭瞎扎抓喳鲨渣吧擦妈疤嘛叭啦她扒刹咖吗下南哪那咋捌罢哈摩化茄杉刷撒阿挖瘩啪踏抹喇煞胳垃啊趴蚂笳葩葭匝裟挝镓浃楂娲袷[1]迦铩笆栝珈呷跏枷痂杈趿喀咂莎鸹胍铊垭褟袈粑嘎耷铪挲溻鞑臜疸馇邋锕镓仨咔腌唰褡嗒呱

嚓碴邋痧旮伽揸鬡桠[2]窊姱唽粑挲奓吒[3]虸鱋餧蔢哒舥孖朳迦欻岜砉

阳平　华涯霞茶暇麻芽牙哗峡崖衙伐答杂颊匣侠乏叉察拿虾辖狭娃罚蟆筏查达爬夹闸跋阀滑猾拉扎拔划茬嘛耙扒蛤吗轧瘩砸喇打炸啥啊槎遐琶瑕札狎铗黠荚戛怛鰈柙岈杷硖垡骅睚搽郏靼铡跶玡噶铧嘎汆靼嵖沓荼剌糌嗄猹笆伢碴蛱妲旯笪蚜琊劄[4]挈垞叚胈茇炟础湱镎菝

上声　马法洒甲雅瓦塔寡把假哑靶耍那眨喇卡傻玛码钾哈咋俩撒蚂垮哪打贾啊叉吗爪拉獭胛靸剐衩咔犸岬砝嘎哆镲佤扌鳎尕呱咯钯碴侉拃砟哶樌鲊瘕踏潵础

去声　化发驾话下瓦挂洽画亚稼袜架嫁骂大纳讶把华怕假夏罢跨踏诈乍卦霸价霎萨辣坝划帕厦蹋恰蜡腊栅那差榨岔褂捺桦尬耙拓爸煞落哈刹钠吓炸呐娜轧蚂压啊叉挎拉刷沙沓榻闼罅衲飒诧迓咤胯唼娅歃汊挞姹灞揠漯衩嗄髂蚱镴诖卅珐唛刺氩嗒柞拃瘌杈鲅癞砑鞳嫲雪祃肭奓阘猰螨溠膝腽茀侘觟痄

二喔　o，uo　　ㄛ，ㄨㄛ

阴平　多波剥拙郭托泊坡脱梭窝颇拨涡泼蜗捉拖摸锅卜播搓咄啰哆戳桌唆嗦玻作过菠撮说般豁缩朴娑蓑钵莎聒掇挲磋喔嘬蹉蝈棁

踔倭倬涿裰擢饽秴杪嘣啵钹镨羧钋莴捋埚趵噢嚄唷踒睃挝蕃陂瑳
嶓剟逴酦砵侂剫崞汋桲呙锪哱

阳平 国罗萝磨酌泊伯活昨魔螺薄夺摩驼博灼婆渤摹琢卓勃搏浊舶娜驳度啄逻驮骡膊膜茁锣啰缴箩挪踱蘑鸵魄馍柏著和脖着无脚模佛那跎嶓陀谟帛沱濯橐酡箔鼍铎礴擢斫佗柁帼诼傩樊虢矬亳捽镯坨掴鄱嵯砣钹浞痤嫫椤麽[5]笮铂鹁嬷铊猡踣鹹瘥镈鹾酧涬椓袯欂鲌暤桲腘菼佸叕鄚

上声 我火所果锁索朵裹琐妥左簸裸跛佐躲垛椭伙撮抹椁叵埵嚄瘰筶庹唢倮哚粿弹夥[6]嬴蓏脞蜾溯倮葰钬

去声 落没络过坐阔卧寞破墨陌漠末座廓堕作弱洛迫默祸诺获惑握错魄唾沫霍沃烁惰货磨做挫若簸措硕括懦脉莫舵拓骆扩糯垛或万烙薄朴跺和豁绰抹冒柏茉数驮适朔幄渥铄藿柝辍瘼怍擘祚酢啜珀粕殁槊荦檗蠖秣镬貊斡珞箬雒龊胙泺妁锉掰蓦厝嚄鞣柞剁貘唑砟漯摞嚯蛞硌耱咯肟栝蒴柁偌龌喏跞搠箨涴爇葎惙莝阼蒻镆硪偓郜爟枎藦婼岝濩溹濩饳

三鹅 e，ie，üe　　ㄜ，ㄧㄝ，ㄩㄝ

阴平 歌车戈遮科阿奢颗折么割呵苛哥鸽得蝌搁磕呢底疙呐著棵地喝了着的肋胳坷赊柯珂窠诃轲疴泂颏婀纥畲屙髁蜇砗饹猞嘚嘞

螯嗬呃稞瞌圪咯仡畲叵

接结阶节些歇街鳖揭跌贴皆蝎秸爹捏椰楷咧憋瘪价帖切撇家嗟耶

瞥喈噎楔疖揳咩萜乜掖湝倻

约缺削靴曰薛阙撅噘炔

阳平　得和哦何择合河壳阁隔峨辙舌荷哲娥责德泽讹额鹅禾蛇蛾

则折葛革格蛤俄盒核搁哪咳咋胳翮蛰阖帻谪磔莪膈涸盍啧赜劾箦

骼迮辄阂颏鞨纥阇鬲佘曷嗝盉菏镉饸锇锝颌舴貉笮龁詟鹖晢滆郃

龢[7]喆[8]涐

别斜结蝶洁携劫杰叠节竭谐捷邪鞋睫截协爷挟迭谍茄桔胁碟叶诘

耶偕堞缬牒撷垤耋孑桀蹀碣羯讦蹩颉鲽揶拮喋婕劼偈勰鲑伽铘瓞

絜[9]绖岊咥蛱昳乩楪挈鲒

绝学穴诀决爵觉崛掘瘸嚼角倔蕨玦攫噱谲蹶桷橛抉爝獗珏矍厥孓

茓镢趉劂玃觖峃斈傕砄噘

上声　恶者可渴个舍惹各坷扯尺葛舸赭褶喏锗轲岢哿炣

野血铁裂写也冶解且姐咧瘪帖撇苤檞

雪哕鳕蹶

去声　侧和客恶色鹤策社热可测乐彻设刻涩涉个舍册贺课褐特赫

瑟饿澈射愕遏赦克蔗摄鳄各撤鄂扼厕噩浙喝呐拾塞吓荷这勒壑萼

恻厄坼仄穑掣鹗麝锷柘昃慑慝忒轭谔啬泐恪垩讷阏鹛腭嗑溘呃歙

仂骒铯蠟氪叻厍忑绋颚铬锞虼硌崿熇賸翯琝簕溹涑姶堨漃隺
夜芥叶业灭界谢裂列烈戒液屑借怯劣介咽泻孽腋窃蟹卸械解泄诫
藉[10]懈届猎蔑页聂切价别契帖箧惬榭谒妾冽鬣瀣靥蘖曳埒绁挈蹑
薤瀣燮啮涅镊烨餮躞亵疥洌廨嗫臬躐玠邺篾邂獬捩渫锲蚧颉郄趔
掖乜镍慊嵲锰蘗晔焆骱薢偰陧楫惐脟
月血岳略雀悦却跃鹊阅粤虐确越掠疟倔钥阙樾钺谑阕刖榷龠悫玥
栎籥瀹爚埆锝棤碏砉圙

四衣　i　　丨

阴平　几衣期息稀西奇机夕低溪依惜栖一鸡堤滴欺披饥梯凄基逼
希膝激戚昔熙击锡积肌漆伊医七妻犀其讥稽提吸箕析唧悉熄嘻晰
剔缉牺眯批壹坯腊畸踢蟋霹妮叽呢哩咪圾柒的劈嘀体兮矶屐嬉漪
羁蹊畿萋跻睎曦玑姬揖镝齑羲淅汐噫赍笄奚猗咿嵇翕醯豨丕皙唏
邳熹氏粞犄铍僖袆樨纰剞黟歙乩恓桤沏蜥芨锑喊砒浠墼噼螅窸郗
烯铱茜硒欹鳖[11]巇鞮羝穸睎觿踦枅鼷肸伾傒繄裼俙狋鄐洢觭熻樀
郪嶲嘻豀[12]菥爔
思知诗枝之丝师姿湿失痴滋私兹支斯施芝资嘶脂司咨织尸差汁肢
殖匙吃狮只撕刺仔吱子蜘卮嗤螭缁髭疵虱鸱澌笞媸胝訾淄孜嵫蓍
蚩鸶魑眵孳祇栀辎厮锱鲻趑缌哧嗞蛳跐呲龇噝嘘锶飔赀[13]凘摛酾
瓻玼粢禔虒偲泜鼒镃觜楮孖浉鸤峒稙樬

阳平　泥齐奇急极啼移迷离宜席疑集笛旗题夷疾敌仪及骑篱遗棋

蹄棘疲怡靡皮习璃漓吉黎即籍其鼻提歧脾犁袭梨级涤尼贻狸弥脐祈崎嫉藉[10]辑蛇姨丽眯迪谜鳍厘媳呢啤的胰嘀縻亟楫颐藜畦岐檄鼙霓汲倪迤彝饴鹂縻隰痍罴瘠镝戢笈蓠荑麋狄鲵圻骊綦沂荻岌鼙貔罹毗萁枲嶷怩耆裨祺祇黧殛绨祁圮鹈缡匜祢蜊嫡颀琦蜞觋埤眙骐坭淇琪蛴诒铍缇咦麒锜葳疾蕲琵猕佶醍郫鳀蚍翟醚蜱荸芪鲡蠡俟荠陂铌哩亓嵴枇郦觋醨猊陴蹐醾蘼庳埼麑伋跂簃堲耤椸鹡姞媞蹢宧鳛遆觭瑅椑嶍愭溦郪鬐芘

时拾石迟池辞持驰词直实祠兹十职食识慈值雌蚀什执植殖弛匙瓷侄磁墀茨篪鹚坻踯湜摭埘鲥埴踟炻莳糍茌跖蓻祏蔾茈鼫

上声　起喜理笔底矣里己李礼纪几米匹体蚁已拟启鲤比鄙徙以脊洗乙乞倚彼企你挤匕济抵岂椅给劈靡稽绮癖戟屣醴砥邸蠡杞圮旎弭玺迤秕苡禧柢诋俚屺芑妣麂澧痞鳢娌俾葸虮旖綮骶迤锂呲坻铣钇氏胑舣薿蓰枲棨芘扆嚭掎酏敉憙佁芈仳沘岃浬玘婍洣跂伲呇嘻子此死尺史止紫指齿纸旨耻驶始矢趾址侈使姊只屎籽仔哆滓徵梓芷豕咫沚祉枳褫豉秭酯訾跐泚耔笫茈胔轵扺胣玼虸茋

去声　地意的气迹碧力立计壁寂异际翼寄役吏细忆密义泣记益璧逸利器历弃弟邑戏丽纪第避闭帝毕觅隙辟系秘议继易僻绩厉砌忌涕溢栗臂谊必艺逆蔽腻蒂蜜粒季例沥替雳荔匿泥砾递弊亿妓契抑绎隶惕庇译冀励币毙鲫既毅溺剂济祭疫莉譬痹技屹齐剃缔泌亦屉俐痢屁汽迄佛食艾拂霁驿臆翳裔舄髻憩骥笠稷跸陛唳碛敝诣枥奕

睨挹砺怿睇婢荜疠葺谛戾弋弼荠悸谧褉弈蓟浥轶俪昵幂伎篦栎懿
粝悒悌畀遾詈刈乂檗熠蜴镒槭棣埸觊肄讫劂贳筚翊殪襞濞薏峄佚
薜呓饩偈呖莅劓嚏羿髀汩洎媲蛎愎嬖恖仡嗌阋鲚缢暨哔佾郦潟溧
鬲疬翌汔傈箅铋娣倜瘗苈睥螠滗亟淠趼蓖碲宓裨猁郤郄嗞埤俶鹚
祕[14]芰甓绤辰瘗裛勚跽菂苾杙赑狴趯铄踶惎诐厍肸潀溧褅穄珌鬄
澼坜謐垍媂佖廙嫕螄昳涑杕潩徛杤蒉咥禓灑咇浰碶玓皕坒磜邲镱
伲靼鹝
事日士至世字志寺市室是致势赤逝氏制视试赐掷置祀次滞治恃智
释饰翅四秩侍拭肆似稚自质誓嗜巳适斥帜式示刺伺挚识窒柿饲帙
峙仕雉笥陟嗣炽栉驷泗敕兕俟耜噬渍豸汜炙叱恣踬轼饬鸷谥贽贳
姒轾彘筮骘莳啻觯舐奭蛭桎痔弑眦痣郅瘛螯铈涘峙锧褆驲傺跱忮
铚庤栻疐晊欯莿梽媞擿滍彳

五乌　u　ㄨ

阴平　书疏屋初夫孤珠殊枯舒哭窟呼苏都乌株蔬出忽肤乎姑粗敷
诸沽污朱叔枢梳诬铺租秃酥突辜淑糊输扑呜巫恶仆猪督蛛抒戏凸
菇咕姆孵估骨诛逋姝晡鸪铢趺菽毹惚摅觚酤樗纾菰菹窣潴蛄刳跗
倏呱洙稣麸阇圬槠邾稃茱篰邬嘟撸轱呋侏毂丟骷滹烀钨唿噗噜兀
殳玞矻洿犨昒鄜摴悆琡陎貙潨於砆瑦郚菁圐甦[15]葖

阳平　无竹图如浮庐湖熟夫俗徒除途壶烛足服儒独芜符福逐扶锄
吴奴雏蒲炉族梧胡吾拂涂毒厨卢芦读模狐伏弧糊颅幅赎屠仆俘蝠

辐弗橱术芙核袱葫蝴蠕脯卒菩和顿佛葡蜈蠲鹄徂凫斛蹰犊躇垆牍
襦濡璞鲈瑚绂渎縠孥蜍刍秫舻孚镞孺竺轳茹醐椟菟桴薮郛黩殂龉
嚅塾胪袯蜉驽趺匐荼濮苻孰泸栌茀罘瘃鹕滁莩唔槲涪怫毋莆髑铻
幞猢茯菔鸬浯匍觳氟芾薷毹囫铷煳呒醑蒱绋筊崒舳醭钹蠋腯稌枹
峿舻琈酴颥珸芣洑部榑垺梌镤鹀墣嬬

上声　骨古土舞主谷府虎浦鼓暑武补汝吐父午阻五辱亩曙母谱卜
睹乳鼠蜀斧鲁伍署祖堵虏甫苦处数储辅组瞩煮鹉侮腐属抚股哺脯
俯拄圃卤础嘱楚捕普牡肚贾赌努姆拇薯捂芦唬堡朴浒渚毂黍俎橹
麈妩腑杵弩釜笃鹘庑罟忤楮溥蛊瞽拊迕诂牯褚黼牾诅怃掳仵琥滏
氇蛄汩钍縠钴呒臌吓埔胬蹼镨骺羖簠砮珷昨漩馉珇瀫滷吺岨

去声　路暮住物赋目木入户雾步渡顾虎素故恶腹误粟怒吐露父束
速鹿负禄促术护肃悟注牧不富慕布妒墓陆固录驻树诉筑度宿缚兔
沐触祝助杜处数务傅墅复簇述著覆缩附付幕穆酷铸互蠹簿妇竖赴
庶怖库裤贮恕漱褥溯瀑碌睦柱部肚勿估醋募副赂塑铺戊蛀埠曝暴
咐沪镀畜雇绿堡糊卒服麓鹭坞馥戍兀伫阜蹙蠹箸笏晤箓渌杼戮骛
翥炷漉瘔瓠黜溽簌骛洳扈辂痼愫梏缛瓿锢蹴祜觫谡怙鲋澍讣夙辘
苎怵嫠猝绌杌蓐璐嗉蝮沭绔潞庠菟赙俶喾苜搐逯蔟钚鋈驸腧牟鲴
酢傈俞軏崮仫焐堍瘩埔涑钼纻蔌沍篪濩屼蔀嫭岵菉[16]僇亍稑牿琭
勠蹐傃柷鹌昈疰堌鄠斶蕗骕硅坲芴鳠傉隃甪虁汶洑

六迂　ü　　ㄩ

阴平　居虚须墟趋驱躯驹屈吁迂区拘岖曲需鞠戌淤且据车俱锯裾纡胥掬琚嘘蓿狙苴祛盱蛆趄雎疽顼婴鞫锔魆駿椐蛐觑袪诎谞砠吁欻瘀岨胠娵砉腒於鶪[17]焌洵崌

阳平　鱼隅菊渠娱愚局余予渔舆徐驴橘榆渝于愉逾与衢闾虞腴臾欤蕖癯竽盂劬玙谀蘧揄萸俞雩瑜嵎觎榈禺妤瞿磲璩蝓鸲氍锔朐狳煱嵛喁畲窬褕舁辱鼩邗艅於髃蠷隃濯

上声　许侣宇举取羽雨履缕旅语屿吕禹矩屡女予与娶沮铝柜曲龉庾诩栩膂圉踽窳圄咀莒伛褛龋偻俣蒟榉瘐龃枸钕抒铻醑筥糈湑梠弆瑀敔稆玽鄅竘貐

去声　绿玉遇续俱絮具绪域律剧欲序誉御据浴句去惧趣旭狱育寓恤虑豫炬蓄婿拒愈聚喻叙裕预郁芋距与锯巨沮吁滤酗氯畜率谷屦驭遽踞觑燠勖溆谕妪蜮饫煜鹆澦阒阈洫衄毓鬻煦峪倨鹬飓苣昱彧聿讵椇熨钰堉菀恧潏隩窭钜[18]醧湑蓣秬棫遹薁悆岠矞燏埒淢湇澽眗

七哀　ai，uai　　ㄞ，ㄨㄞ

阴平　开台哀苔哉埃衰猜栽斋胎乖灾腮拍拆该呆揩筛摘挨差歪唉咳哎拽摔掰塞揣侧待派钗垓陔鳃赅呔噻欸嗨搋甾荄咍偲晐

阳平　来台白才苔宅怀徊莱材裁排淮埋槐孩财柴牌豺挨抬徘哎还癌拜骸侪霾皑骀徕俳踝鲐炱崃邰薹翟跆涞铼倈梾硙簰

上声　柏海改窄彩慨百宰买载蔼乃采凯楷矮摆逮奶拐睬歹踩甩揣伯排迫仔哎哪色霭醢铠蒯恺艿欸闿锴剀捭崽佰呔荬扻氖崴嗳傣茝垲毐胲迺[19]

去声　在外爱态带代怪拜赖待碍迈快债麦脉泰菜隘艾派再害败卖块坏戴概载耐骇蜂贷溉蔡盖湃采寨亥赛奈袋睐丐帅塞太汰拽逮怠晒会唉揣大筷钙率芥哎籁黛濑岱脍狯鼐瘵殆赉呗埭稗虿暧柰侩叆哙夬癞迨忾玳徕劢嫒诒肽氦酞啜萘砹钛嘬哌啫嗳嗌踹骀鲙迨绐郐轪瘥垡炌耏佴瑷

八欸　ei，ui　　ㄟ，ㄨㄟ

阴平　归飞微杯悲非催辉灰吹黑碑堆危威摧窥薇追规挥卑亏炊闺妃徽推巍瑰菲锥龟恢椎偎崔胚啡虽盔勒硅尿臂背嘿衰扉隈霏陂麾圭醅隳绯榱煨骓翚诙睢蜚葳妫剋皈逶岿濉荽崴悝鲑呗珲虺嗨眭嘞鲱呸吹忒萑晖葦缞袆椑鲥峗溦邽珪葰鹎隹垺

阳平　回违垂肥梅眉谁雷随为围帷陪贼媒颓维魁枚葵培煤累椎惟唯锤隋捶霉玫赔擂没遂嵬湄闱帏陲蕤洄夔羸逵绥楣韦腓暌揆桅睽奎嵋裴槌莓淝棰馗隗缧郿酶潍沩鹛嫘涠贲喹蝰縻茴镭圩蛔罍倕礌

魋戣骙鲗锫瑂镅圚槌檑

上声 尾水美蕊垒北髓轨毁委伟苇纬伪诡萎馁鬼嘴蕾磊悔癸累诽每匪腿菲哪给得晷耒诔簋儡隗斐洧鲔娓炜韪诿悱痿瓯璀跬猥玮庋榧傀翡镁蜚觜篚亹浼藟宄漼朏棐渼瘤廆氿薳碨媄煃婎

去声 内醉泪贵翠味岁辈睡佩对碎会媚坠废桂瑞悴愧退位类背遂慰未晦畏备惠罪沸卫最队吠费秽税卉脆谓魏穗蜕祟慧妹锐魅肺汇绘配馈溃沛粹讳昧赘缀惫贝跪隧诲猬为胃被狈尉悖贿兑蔚累倍说敦擂喂谜那肋柜褪寐袂辔旆邃瘁桧蕙渭匮萃喙燧喟碓帔彗酹霈毳聩旭荟愦惴蜹焙恚淬鞴怼睿蕞篑缒芾蓓哕刿痱芮狒孛鳜螅邶啐谇霨刽炅褙碚钡鐾煺浍烩镦琲汭帨毽枘硊翙糒襚笙祋璲蒉峗旞剕碨槜硊螱樵鞁熁棓

九熬 ao，iao　　幺，丨幺

阴平 高朝消霄涛招交刀骚腰萧飘宵箫销骄郊操梢遭娇烧焦椒标蕉邀嘲敲膏滔超潇嚣雕褒抛搔浇胶妖包昭要苞糟熬抄夭撩漂糕羔挑叨臊猫刁钞彪胞凹教捎泡稍硝炮跷捞糙锹礁掏剿叼约剥肖削吆跤吵绰雀着悄哟皋蒿凋绡飙貂韬杓镳篙蛟饕绦枭桴鸮缫枵嫖骁筲硗尻蛸姣幺佻剽哓茭缲鞘魈鲛橇啁鸼镖膘孬逍脬碉摽艄钊睾孢喵焯飑氚鲷螵缥嘌嚆鲍劁骠煲蹽艽舠忉儵祧瀌慆幖弨燋虓熛鲂慆溞蟏僬儦瘭弢峧胶猇藨骉蔈枹

阳平　调嚼朝遥桥劳潮豪寥毛条袍曹毫巢摇桃饶苗逃茅号瓢谣迢聊牢薄嘲陶乔矛尧嚣姚翘僚描槽萄凿辽雹勺熬疗肴挠撩叨猫淆淘窑缭侨跑侥嚎炮憔嘹瞧锚唠刨矫瞄朴着樵醪桡鳌峣韶瑶旄髦寮遨杓螯猱苕庖匏嗷爻嘈翱壕娆璈鏖敖濠蜩髫鹪谯嗥洮呶徭獠茆铙獒蟊漕姣峭螬聱晁荞繇鳐峤啕蚝螯珧芍燎咆牦痨嫖鞒蛲铫崂潦貉狍鹋笤捯硇轺荛绹漻艚彂橑猺嶅鲦蔈廒龆梼啉媱玿砾柖洨嫽垚簝猺磳

上声　了老草早鸟晓小表扫岛宝饱脚渺好藻恼保扰讨沼考稿倒少枣祷矫蚤爪导脑捣蹈卯搅镐嫂堡袄狡瑙澡藐咬秒漂绞剿炒巧挑找跑烤缴拷搞拗舀吵饺姥雀角侥杳槁杪袅窕皎缈邈潦儌筱缟眇杲葆窈藁媪褓蓼茑殍昴泖缥愀栳鸨佼湫栲郝铰燎璪佬娆钌裱敫婊铑峁铆瞟窅淼[20]皦朓皛璬憭垴荖崾嬥

去声　调笑到照报扫抱啸妙庙好道钓帽料召茂耀貌兆峭灶傲豹孝浩闹教叫稻效噪倒盗奥窍少要药皓赵校号绕肖掉跳燥酪耗造皂告绍悼鲍吊镐罩稍觉躁澳窖俏肇较暴瞭炮哮涝贸冒哨靠轿膏漂泡瀑票懊溺尿酵曝爆拗套刨撬唠壳烙疟铐嚼臊络钥落翘捎诏眺峤昊坳诰诮徼曜棹耄淖瑁颢瞀劭櫜懋埽铫邵鞘骜醮粜灏鹞骠芼焘犒袤眊噍疱廖镣部鳔瘙鞠笊摽鏊钌燿趵锆耪尥脲耖潲咆蔃睄缪谯摺俵蜩隩旐皞篴鼻嫪帱嚼恔敩薁慥鄗鄚涍鸾臑斠塱柖箬淏忝锦滘

十欧 ou，iu ㄡ，ㄧㄡ

阴平 秋头粥舟州休忧洲幽收丘悠钩鸥羞周修优沟搜剖抽偷究艘纠欧勾兜搂区殴揪句抠丢龟哟都蚯溜讴瓯邱飕沤鸠楸陬啾瘳湫貅篝邹咻呦缑诹庥鞲鳅攸赳齁阄馐鬏溲鞧畴馊诌佝妞鬏蔸嗖眍哞篼螋瞜熘枸喽脩[21]耩驺锼稷蔸[22]鸶廋赒鲰麀湫萩鸺鄹犨鸼婤芤

阳平 流游头愁楼留求侯谋牛酬由投筹柔稠轴畴尤囚仇刘邮油犹球喉猴榴浏揉娄瘤蹂绸琉硫馏熟裘俦眸猷旒虬雠[23]遒骝侔缪篌蝣酋髅疣鍪牟抔莸偻糅繇逑裒镠泅蒌赇掊骰蝼惆俅踌蚰镏瘊鞣蚰鎏骺铀莜犰柚巯呣鱿耧喽飗璆鹠帱糇蛑蝤蓥鼽溇鲉尢艏梼瞜

上声 否酒手久有柳口友朽九偶斗丑首走狗守肘帚吼藕韭玖酉苟纽某蚪陡宿呕钮抖灸篓扭瞅搂叟牖薮缶莠耦黝擞嵝杻嗾忸糗卣掊绺滫羑岣枸炬耇笱檩罶狃瞍钭卤氿艏

去声 后旧秀瘦寿厚肉候袖就昼漏斗奏右绣透豆陋宙垢授溜构寇皱兽骤售谬臼臭又受逗幼扣救嗅舅诱咒凑疚购宿叩够锈馏佑嗽读露痘揍陆拗碌六勾轴侯岫绶窦咎胄逅狩彀觏厩耨鹫宥囿镂籀诟辏绉擞侑蔻媾遛柩纣媵鼬缪琇桕繇柚沤釉螢蚴镏熘溴苟怄瘘怞堠祐酎遘雒僦姤垕鲘郈琇僦鹨

十一安 an，ian，uan，üan ㄢ，ㄧㄢ，ㄨㄢ，ㄩㄢ

阴平 山天烟间边关仙安川欢篇看宽干端官攀冠斑喧先丹颠鲜偏鞭轩迁餐翻湾编班千竿坚肩巅艰娟渊观鞍滩酣酸宣牵翩捐堪添三甘毡庵肝穿鹃衫煎尖删珊参冤焉帆专燕弯纤兼贪沾瞻刊般淹铅占签棺颁耽柑杉砖溅扳奸掀憨谦杆番担鸳歼粘钻潘勘监咽圈渐滇搀煽摊掺扁扇瘫拴蝙掂栅搬浅氨栓片单尴豌广厂叁簪笺悭湍玕骖阡骞暄谙旃镌藩愆龛膻鸢涓幡鞯蕃芊潸拈跹缄殚菅蠲萱谖郸湮缣崦芟蹒瘢湔箪砭聃笾鳊觇褰鳏嫣搴悛戡鞬恹蔫眈瘨姗剜纶詹暹佥颛苫儋蒹犍顸蚶鼾蜿泔阉矸籼髋腌獾桉倌鸽谵莞坩瑄撺鹌闩坍颟袄仟扦胭锨煊苷痈犏酐鲣瘕阏舢躜蹿篼囡钎嫚镩氚塆糌氽肣氙酰煸搛鄢毵埏鹯鳣翾忺襜戋鹣棬儇籛萹眢嵁嬛盦锬蜎豯啴汧晅梴磏犴岍攽栴烻煓鳒墕焆愃钐瘅孅耑[24]晅菾婠圩涴猯蔻垵

阳平 还难南年寒然前言船眠泉贤颜传田怜闲残钱园缘弦圆连盘悬源原全禅环莲兰澜绵乾[25]旋玄栏帘谈蝉团岩檐弹潭元坛权峦玩蛮繁顽延猿缠便丸烦联拳惭蓝完嫌严蚕盐衔凡韩廉甜含炎燃潜援涵男般铅函恬蜒研痊咸檀瞒沿员填阎篮棉钳谭馋黔镰粘汗拦袁胖棼矾佃痰咱馒单埋蔓妍阑筵鸾寰垣湲鬟椽桓岚蟠潺廛辕涟涎銮虔髯攒樊诠筌蟾蕃栾奁纨抟舷昙阗喃荃黏楠孪鹇璠燔骈谗铨斓覃孱赝谩鼋镵蘩娴漩沅磬钤遄畋巉圜蜷颧嫒鲇鬈胼璇爰犍洹娈谰挦郯褴邯濂孪萑鳗橼湉婵澶芄鲢蹁溱邗瘌蹒芫澹蠊焓垸钒塬醛裢烷郇爿螈缳鹮晗荨镧掮梿躔槃埙镮瀍佺鬘惔蹯锾墦襕磻楩嬛锬蚺嫄貆

澴輓礛峘沺铨貆倓婘浛虤玹萓闫虷墘痃脝靬崡崴昀鰁圎伭氿琭娾

上声　浅晚眼满散短险暖感管返馆懒点减简染缓展软典敛剪槛览犬免盏胆挽碗显产惨茧衍款冉敢勉板俭缆检卷脸远版反婉坦坎闪伞喘揽罕缅贬谴惋宛遣转陕鲜拣斩阐演选扁毯掩榄碾卵柬掺匾捡秆铲癣洗崭赶杆砍舔辗碱俺皖撵橄喊碘捻蹇辇藓坂冕忝绻偃阮阪[26]苒琰昖剡琯椮纂赧娩莞飻畽沔殄侃腼袒琏腆湎谄俨褊畎舛跣謇罨畹笕烜琬蚬兖黪魇绾戬亶缵缱趱奄狝铣谝菀郾鼹裥埯赕掸脘丏冼罱钣忐腩锩铵螨骣枧钽攒昝黾跕蛹睑铜渑潋儆疸擀唵翦椀[27]飐崄菼筦[28]狝浐帳弇刬甗葴黡滰趼蔹谫蝘筅瑌裣眅咺戭愐寋縣鰎厣洪勔睒戾晅啴涴璮垵暕塴沇拶嬽棪碥肷昆偭

去声　看片见难断面散雁叹变乱汉岸剑遍半殿健暗念燕翰畔愿倦漫战换苑怨艳贱院恋限扇幻县练羡旦传箭线观涧电荐案辨惯烂鉴甸便砚槛干现探唤眷劝旱泛患献宦万贯践憾段范黯炭焰店蔓汗办验盼厌奠绽建监卷窜绢绊灿慢辩诞冠间宪赞腕宴焕擅颤灌券欠瓣绚判炼歉弹玷占犯按陷串堰舰溅暂禅炫饭善撰叛撼涣伴渐咽转锻嵌旋算垫赡担曼淀唁捍蒜贩悍键赚篡淡栈掺辫站罐佃件谚蛋扮钻但缎骗馅滥链赣渲碳拌圈涮单氮痪腺焊惦纤石彦晏霰篆粲篁馔啭茜幔掾眩谏膳滟爨堑饯泮梵萏泫璨颔盥弁剡酽钏旰瞰餍鹳讪汴岘苋豢瓒狷钿铉茕奂赝忏缦湛缮潋坫忭瀚僭楦慊漶倩抃浣蘸绀惮鳝袢谳殓嬗汕卞墁瑗煅瓘楝靛椠襻亶啖嫚焱媛畈澹菡隽錾苫廿掸鄄

腱镘阚淦鄯疝胺湄踺齗埝沌鲩牮羼孱垸騗锏椴谩掼毽瘢攥柈蟮芐
膻衙暯逭嵁豙擐祼掞犴刬阽瑑韂瑱衎垾僎楗嬿儳昪爟昡磹磡钐墡
勘伣桊焯靬溦蒨扞[29]缐[30]掭撖瑕墕丗偡瘴憺塅亘琄腨鄯岾炭凝

十二恩　en，in，un，ün　　ㄣ，ㄧㄣ，ㄨㄣ，ㄩㄣ

阴平　心春深新身阴君真音亲昏分村金尊津根孙恩今襟巾军侵纷温宾珍滨因辛坤勋馨氛斟伸森芬薪吞禁绅茵奔均钧欣申昆钦熏贞蹲斤针椿敦墩参遵呻谆婚姻菌殷筋荤喷濒彬跟抡侦缤斌瘟们吨拎拼芯锌龟吩闷晕樽曛嗔薰氲砧醺衾阍暾榛箴骎筠飧荪甄臻衿皴愔髡鲲瞋歆琨琛忻堙埙祯喑桢莘昕蓁惇诜豳麇贲皲逡鼢帧郴溱肫娠焜猻玢鳟棻炘镔胗姘傧赟抻槟砷鑫铟矜锟窨蒽醌锛伧蹾酚礅镦糁蝽洇栟囷嵚裈禋鹍惛煴歅骃甡焞侁辒邠獯椹窀嶟玢韫荶禛浈葴缊鳁鲹珅琿溵榅堃[31]衠燊婫岬犇[32]綝瑃蕰堾邨[33]莙

阳平　人云尘门林神吟闻寻文存魂群臣邻贫琴痕频民辰轮沉临勤陈秦鳞伦仁禽晨沦巡裙旬坟匀银焚盆纹屯醇浑淳唇淫循耘豚蹲寅芹纯询磷琳蚊擒仑忱壬淋抡臀们您混沈论员甚什任岑麟宸霖鞶峋浔旻纶纭垠扪筠粼莼缗珉涔汾芸岷恂鹑棼狺雯谌嫔镡辚霪荀珣麇璘龈鄞嶙芩訚檎鼢鲟賁溱洵饨遴鲀郇郧噙锟啉囨覃鋆昀嗪荨珲哏玭沄崟蟫嚚龂潾慬溢筼亹獖廑忞瞵煁琨翸栒妘玟梣闅炆坉忳硍芠涢箖綝硶芪

上声　尽沈锦稳本粉品笋寝忍紧损闽凛陨敏肯吻谨饮审枕悯蚓准滚蠢悬允引垦仅紊皿疹隐狠吮诊很怎瘾捆婶盹啃泯衮尹稔轸哂隼廪阃畛槿殒闵馑谂忖畚荏艮狁鲧辊楯碜檩缜刎趸撙抿堇瑾黾哏苯吲磙绲榫龈悃鬒懔壶稹锓卺廑噂刭袗硍瞫昣僔鳖滑愍伈

去声　论尽问恨润信鬓韵运印进分阵任驯训讯寸困峻俊禁镇晋振嫩愤骏顺晕刃震奋认吝瞬荫迅顿浸聘酝闰钝慎逊混饮蕴衅褪纫殉忿衬甚肾孕喷躏沁粪近趁仅竣汛赁盾韧渗份笨囤奔棍闷劲菌称淋夯员芯郡仞遁烬舜谶愠沌觐蜃靳衽牝噤浚轫坌亘濆胤荩殡徇蔺摈赈溷纴饪鸩韫恁巽艮蕈膑朕葚谮偾恽璺楯妊窨捃隽郓圳诨汶炖瘆缙髌摁焖膦茚鲼熨胂龀妗裉砘涠吣揿囟祲疢椉赆晙憖煴椹坋噀讱纼缊堇瀵揕殣晙瑨琎坉慬硍珺沓焌琅葰湝傧

十三昂　ang，iang，uang　　ㄤ，ㄧㄤ，ㄨㄤ

阴平　香光乡霜方章芳伤荒裳苍妆江桑窗央囊双冈张湘庄浆康装昌商将当疆鸯邦汤纲坊缸箱刚僵仓慷彰殃腔筐缰秧糠姜枪厢疮猖扛相倡丧汪桩创钢赃沧樟铛帮慌舱肮镶肛抢梆趟膀呛夯岗嚷乓脏舫珰骧臧襄锵殇羌滂阊肓戕璋缃漳匡泷裆獐泱伧娼伥枋芗孀镗蜣罡雱牂菖鞅礓胱鲳豇浜咣戗诓墒啷囔蹚哐镪钫熵哪牤蟑噹羰矼骦笪鹴嫜尪鸧茳洸鄣玱闶蚄洭桄邡江暲漴堭牥瓖珖锖鳉搒

阳平　长行阳凉堂黄肠郎茫忙狂床裳王梁常藏翔房墙塘亡皇扬囊

良尝量羊唐廊旁航杨祥凰芒妨昂强粮降棠洋详娘狼琅粱偿坊煌防簧幢庞榔惶扛杭盲肪蝗吭糖场瓤膛螃倘膀逄氓徨徉篁樯遑穰潢旸颃庠隍邙璜鲂诓禳螂嫱湟踉佯稂疡逄镗炀螳搪苌鳇瑭嫦莨烊蔷彷樘蟥锒徜蛘椋溏硭饧绗馕飏[34]庬艎瀼螗筤喤卬锽桹噇鲿辌钖玚媓尨鳑鄣牻俍垟杗蘘儴瑝

上声 长赏往响想爽网掌上场莽壤访涨朗桨党幌敞讲港仰享广岗养枉奖两恍痒榜仿晃蒋俩晌强纺闯挡膀淌厂嗓抢绑谎氧躺倘嚷舫饷攘氅惘漭罔飨魉曩颡帑傥蟒谠昉镪襁袒犷辋鲞魍惝耩搡馕羟仉膙夼耪耥垧攮驵磉烺崀塱蓢卬

去声 望忘浪壮相象傍荡丈唱上帐障状旷像巷涨将样仗尚酿亮让妄丧漾况降畅匠向量藏葬放谤撞杖项抗谅当创酱矿蚌旺晃倡亢眶强橡辆脏挡胀炕账棒烫档框幢胖逛浆虹郎行凉趟磅呛晾杠镑钢怅恙嶂盎贶瘴鞅怆宕怏戆幛阆绛圹砀沆伉奘糨若蒡蒗炀烊绱垱齉邝犟炝莨靓跄踉戗凼纩鬯瀼洚悢滉闶埌玚崀棓羕玤塝倞珦弶眼桄

十四英 eng，ing，ueng　　ㄥ，ㄧㄥ，ㄨㄥ

阴平 风生声清青翁峰轻惊星兵倾经京英耕灯听冰僧更卿封精争登莺征升腥丰兴羹荆蒙曾笙蒸增茎烹棱鲸锋并憎枫筝鹰丁婴称庚应晶撑坑崩蜂厅兢睛正甥樱蹬牲铛钉猩鹦绷砰疯怔睁蜻叮哼症扔狰盯氢吭嗡挣乒缨旌汀膺亨罂罾惺撄泾赓粳嘤烽缯钲怦铿琤菁铮

町仃瑛瞠葑峥沨瓔桱抨蛏娉酆玎洋栟噌熥烃酊圊疔噔嘣槟嘭腈滃
砜镫赪昇[35]偒鲭熷烝砼骍鹒祊麖鄫泙翻桯锳猄尌堭陞[36]璒牚浭萤
荓媖鯖煋偁耵

阳平　行横情明城名成鸣平晴亭程灵营冥庭迎形蓬陵屏盟逢盈停
层能萍凭零腾龄诚藤铭朋蒙衡曾瓶评刑宁凝篷棱乘廷萤绳澄萌蝇
铃仍荧呈承氓莹鹏擎赢型狞缝菱惩伶恒凌蜓盛坪玲橙彭聆棚冯令
苹朦誊疼澎羚膨拧怜檬柠楹瀛暝溟泠茗萦霆翎棂苓檠婷丞枰茔硎
塍甍瓴绫蘅饧陉嬴渑瞑咛珩瞢黥螟邢蛉虻莛崚囹滕枨滢荥堋鄳鲮
艨桁裎呤姮葶蟛蓥嗯晟裬硼鸻塄埕氰甭鲆酲嶒舲蕒鸰芃縢幪渟勍
铏楞濛弸淜搒泙钘宬珵洺聍坽潆昤竛瀓[37]鹲洚澪幪倰艜荓礞帡洴
龙铖玶珹苧憕

上声　影冷景醒岭井顶省鼎顷领艇令警柄梗整等耿颖饼屏猛颈讽
秉逞捧挺请禀丙拯埂拧蒙绷锰骋绠阱颍炳瘿郢酊艋鲠哽蠓儆滃梃
蜢懵蓊璟琫铤憬刭酩邴裎擤獴苘町嗯耕勐戥眚唪珽侹颋庼昺蛃庱
烶璥圢

去声　梦静定兴径命横病境镜性胜风净盛圣政映赠幸令竞正姓应
庆敬劲竟杏孟乘靖称剩缝郑硬证更并订邓泞瞪秤另凳奉症亲钉挣
宁碰蹭泵拧蹦绷愣蚌经怔蹬澄瓮罄磴迸甑镫俸罄佞胫荇诤靓塍梃
碇箐铤嶝悻綮锭晟摒痉婧崚嗯腚甏椪缯啶葑镚锃猄賵蘏竫暝倞牚

甯[38]婞迳[39]

十五雍　ong，iong　　ㄨㄥ，ㄩㄥ

阴平　中红东宫公通空功钟松工踪终宗兄弓胸匆冬忠隆躬衷攻葱庸拥聪充凶供恭烘冲汹轰佣棕匈蚣哄囱综涌扃慵骢舂舼肱嵩雍忡墉菘镛邕忪龚艟淞壅憧盅鬃璁訇饔螽痈薨鳙枞咚芎凇崆吽苁箜熜鹆臃嗵氡倥垌崧翀讻捀鄘娀硿琉豵埪灉锺[40]邛宊倧茺

阳平　重红同穷龙雄容荣浓鸿丛从蓉融虹童桐虫农戎隆崇茸聋瞳铜胧熊琼溶洪窿宏弘绒彤笼榕咙熔脓洞种嵘珑栊穹筇侬淙峒泓蛩砻秾茏茕僮癃邛琮闳喁颙狨潼酮泷茼蝾眬哝佟竑砼垌蕻悰镕昽纮曈仝[41]褀黉茳玒翃穜橦瑢漴銎烔瀧硔鲖

上声　永咏宠勇筒涌耸垄统拱孔窘泳冗董种肿踊总哄巩恐懂拢桶汞捅笼迥冢陇炯踵竦悚蛹俑珙偬恿甬颎扨炅怂倥冋泂埇喷棇

去声　用重送洞共颂弄冻众痛贡栋诵供仲宋讼中动控种纵哄同空冲通佣恸恫讧粽峒蕻硐疭铳胴侗胨垌哢夐硿喷诇

附： 儿er　　ㄦ

阳平　儿而鸸鲕耏陑

上声　耳尔饵迩珥铒洱

去声　二贰哶

注　释

[1]袷：用于“袷袢”，读qiā。读jiá时用“夹”。

[2]栭：用于姓氏人名、地名和科学技术术语，如“五栭果科”。

[3]吒：用于姓氏人名，读zhā，如“哪吒”。读zhà时用“咤”。

[4]劄：用于科学技术术语，如中医学中的“目劄”。其他意义用“札”。

[5]麽：读mó时不简化作“么”，如“幺麽小丑”。

[6]夥：作“多”解时不简化作“伙”。

[7]龢：用于姓氏人名。

[8]喆：用于姓氏人名。

[9]絜：读xié或jié时均可用于姓氏人名。

[10]藉：读jí或用于慰藉、衬垫义时不简化作“借”，如“狼藉（jí）”“枕藉（jiè）”。

[11]釐：用于姓氏人名，读xī。读lí时用“厘”。

[12]谿：用于姓氏人名。

[13]赀：用于姓氏人名和表示计量义。

[14]祕：用于姓氏人名。

[15]甦：用于姓氏人名。

[16]菉：用于姓氏人名、地名。

[17]麹：用于姓氏人名。

[18]钜：用于姓氏人名、地名。

[19]迺：用于姓氏人名、地名。

[20]淼：用于姓氏人名、地名。

[21]脩：用于表示干肉，如“束脩”。其他意义用“修”。

[22]蒐：用于表示草名和春天打猎。其他意义用“搜”。

[23]讎：用于“校讎”“讎定”“仇讎”等。其他意义用“仇”。

[24]耑：用于姓氏人名，读duān；读zhuān时用“专”。

[25]乾：读qián时不简化作“干”，如“乾坤”“乾隆”。

[26]阪：用于地名，如“大阪”。

[27]椀：用于科学技术术语，如“橡椀”。其他意义用“碗”。

[28]筦：用于姓氏人名。

[29]扞：用于表示相互抵触，如“扞格”。其他意义用“捍”。

[30]線：用于姓氏人名。

[31]堃：用于姓氏人名。

[32]犇：用于姓氏人名。

[33]邨：用于姓氏人名。

[34]飏：用于姓氏人名。

[35]昇：用于姓氏人名，如“毕昇”。

[36]陞：用于姓氏人名、地名。

[37]澂：用于姓氏人名。

[38]甯：用于姓氏人名。

[39]迳：用于姓氏人名、地名。

[40]锺：用于姓氏人名。

[41]仝：用于姓氏人名。